NAME	MESSAGE

NAME	MESSAGE

NAME	MESSAGE

NAME	MESSAGE

NAME	MESSAGE

NAME	MESSAGE

NAME	MESSAGE

NAME	MESSAGE

NAME	MESSAGE

NAME	MESSAGE

NAME	MESSAGE

Name	Message

Name	Message

NAME	MESSAGE

NAME	MESSAGE

NAME	MESSAGE

NAME	MESSAGE

NAME	MESSAGE

NAME	MESSAGE

NAME	MESSAGE

NAME	MESSAGE

NAME	MESSAGE

Name	Message

Name	Message

NAME	MESSAGE

NAME	MESSAGE

NAME	MESSAGE

NAME	MESSAGE

NAME	MESSAGE

NAME	MESSAGE

NAME	MESSAGE

NAME	MESSAGE

NAME	MESSAGE

NAME	MESSAGE

Name	Message

NAME	MESSAGE

NAME	MESSAGE

NAME	MESSAGE

NAME	MESSAGE

NAME	MESSAGE

NAME	MESSAGE

NAME	MESSAGE

NAME	MESSAGE

NAME	MESSAGE

NAME	MESSAGE

Name	Message

Name	Message

NAME	MESSAGE

NAME	MESSAGE

www.ingramcontent.com/pod-product-compliance
Lightning Source LLC
Chambersburg PA
CBHW041608260326
41914CB00012B/1426